The Tulips of Amsterdam: Short Stories in Dutch for Beginners

Artici Bilingual Books

Published by Artici Bilingual Books, 2024.

While every precaution has been taken in the preparation of this book, the publisher assumes no responsibility for errors or omissions, or for damages resulting from the use of the information contained herein.

THE TULIPS OF AMSTERDAM: SHORT STORIES IN DUTCH FOR BEGINNERS

First edition. April 4, 2024.

ISBN: 979-8224439379

Written by Artici Bilingual Books.

Table of Contents

De Vissers van Zeeuws-Vlaanderen

In het kleine dorpje aan de kust van Zeeuws-Vlaanderen waren er twee mannen die elke ochtend bij zonsopgang de zee op gingen om te vissen. Karel en Jan waren al vrienden sinds ze jongens waren. Ze deelden niet alleen een passie voor vissen, maar ook voor het leven zelf.

Elke ochtend, voordat het eerste licht de horizon raakte, trokken Karel en Jan hun oude vissersboot uit het zand en roeiden ze samen de zee op. De golven waren hun metgezellen, de wind hun gids.

Op een winderige ochtend, toen de lucht grijs was en de zee wild, besloten Karel en Jan verder de zee op te gaan dan normaal. Ze waren vastbesloten om een grote vangst binnen te halen, ondanks de waarschuwingen van de andere vissers in het dorp.

Terwijl ze verder en verder van de kust af roeiden, begonnen de golven hoger te worden en de wind harder te waaien. Maar Karel en Jan waren vastberaden. Ze geloofden in hun vaardigheden als vissers en vertrouwden op elkaar.

Plotseling, uit het niets, sloeg een enorme golf tegen hun boot. Het water stroomde naar binnen en de boot begon te zinken. Karel en Jan werkten wanhopig om het water eruit te hozen, maar het mocht niet baten. Hun boot zonk steeds dieper.

Met hun laatste krachten klampten Karel en Jan zich vast aan een stuk wrakhout dat dreef in de woeste zee. Ze keken elkaar aan, hun gezichten bleek van angst maar vastberaden.

"We komen hier samen doorheen, Jan," zei Karel met een bevende stem.

Jan knikte, zijn ogen gefocust op de horizon.

Uren gingen voorbij terwijl ze dobberden op de golven, hun hoop vervlogen als schuim op de wind. De zon klom aan de hemel en zonk weer weg, maar Karel en Jan bleven volhouden.

Toen, net toen de nacht viel en alle hoop leek verloren, zagen ze in de verte een licht. Een vuurtoren, hoog op de kliffen van de kust.

Met hun laatste restje energie roeiden Karel en Jan naar de kust. De golven probeerden hen terug te duwen, maar ze vochten als leeuwen. En uiteindelijk, tegen alle verwachtingen in, bereikten ze het veilige land.

Uitgeput en bevend van kou en uitputting, sleepten Karel en Jan zichzelf naar de vuurtoren. Daar werden ze verwelkomd door de vuurtorenwachter, een vriendelijke oude man die hen warme kleren gaf en hen hielp op krachten te komen.

Toen de ochtend aanbrak, keken Karel en Jan uit over de woeste zee, dankbaar dat ze het hadden overleefd.

En zo gingen Karel en Jan elke ochtend weer de zee op, vastberaden en onverschrokken. Want in Zeeuws-Vlaanderen, wisten ze, was het leven als een golf: vol ups en downs, maar altijd de moeite waard om te berijden.

The Fishermen of Zeeland-Flanders

In the small village on the coast of Zeeland-Flanders, there were two men who went out to sea every morning at sunrise to fish. Karel and Jan had been friends since they were boys. They not only shared a passion for fishing but also for life itself.

Every morning, before the first light touched the horizon, Karel and Jan pulled their old fishing boat out of the sand and rowed out to sea together. The waves were their companions, the wind their guide.

On a windy morning, when the sky was gray and the sea wild, Karel and Jan decided to go further out to sea than usual. They were determined to catch a big catch, despite the warnings from the other fishermen in the village.

As they rowed further and further from the shore, the waves began to get higher and the wind stronger. But Karel and Jan were determined. They believed in their skills as fishermen and trusted each other.

Suddenly, out of nowhere, a huge wave crashed against their boat. The water poured in, and the boat began to sink. Karel and Jan desperately worked to bail out the water, but it was no use. Their boat sank deeper and deeper.

With their last strength, Karel and Jan clung to a piece of driftwood floating in the raging sea. They looked at each other, their faces pale with fear but determined.

"We'll get through this together, Jan," Karel said with a trembling voice. Jan nodded, his eyes focused on the horizon.

Hours passed as they bobbed on the waves, their hope fading like foam on the wind. The sun climbed in the sky and sank again, but Karel and Jan kept going.

Then, just as night fell and all hope seemed lost, they saw a light in the distance. A lighthouse, high on the cliffs of the coast.

With their last bit of energy, Karel and Jan rowed towards the coast. The waves tried to push them back, but they fought like lions. And finally, against all odds, they reached the safe land.

Exhausted and trembling with cold and exhaustion, Karel and Jan dragged themselves to the lighthouse. There they were welcomed by the lighthouse keeper, a friendly old man who gave them warm clothes and helped them recover.

As the morning dawned, Karel and Jan looked out over the wild sea, grateful that they had survived.

And so Karel and Jan went out to sea every morning again, determined and unflinching. Because in Zeeland-Flanders, they knew, life was like a wave: full of ups and downs, but always worth riding.

De Magische Klok

Op een regenachtige dag, toen de wolken laag hingen en de wind door de straten gierde, ontdekte Jonas iets bijzonders in de rommelige kelder van zijn grootouders. Het was een oude, verroeste klok die verstopt stond achter stapels dozen en oude meubels.

Jonas, een nieuwsgierige jongeman met een levendige verbeelding, was meteen gefascineerd door de klok. Hij veegde het stof eraf en bestudeerde het zorgvuldig. Ondanks zijn verwaarloosde staat straalde de klok een vreemde, betoverende glans uit.

"Hier moet iets speciaals aan de hand zijn," dacht Jonas terwijl hij de klok nader inspecteerde.

Plotseling, toen hij zijn hand over de wijzerplaat liet glijden, voelde Jonas een tinteling door zijn vingers gaan. En tot zijn verbazing begon de klok te zoemen en te trillen als een opgewonden bij.

Jonas kon zijn ogen niet geloven toen de klok begon te gloeien en een zachte, melodieuze beltoon liet horen. Het leek bijna alsof de klok tot leven kwam in zijn handen.

Vol verwondering keek Jonas toe terwijl de klok langzaam begon te veranderen. De verroeste oppervlakte verdween en maakte plaats voor glanzend goud en fonkelende edelstenen. De wijzers draaiden sneller en sneller, alsof ze een geheim ritme volgden dat alleen de klok kende.

En toen, met een laatste flits van licht, stond Jonas plotseling niet meer in de kelder van zijn grootouders, maar in een betoverende wereld vol kleur en magie.

Het was alsof hij door de tijd was gereisd en terecht was gekomen in een sprookjesachtig land. Overal om hem heen zag hij prachtige kastelen, glinsterende meren en weelderige bossen vol mysterie.

Een groepje vrolijke elfjes kwam naar hem toe en begroette hem met een speels lachen en vrolijke dansen. Ze vertelden hem dat hij was uitverkoren om de betovering van de klok te herstellen en de vrede in hun land te herstellen.

Met een mengeling van opwinding en vastberadenheid begon Jonas aan zijn missie. Hij reisde door het betoverde land, ontmoette vreemde wezens en overwon moeilijke uitdagingen. Maar telkens weer putte hij kracht uit de magie van de klok, die hem hielp om door te gaan.

Uiteindelijk, na vele avonturen en gevaren, kwam Jonas aan bij het donkere kasteel waar de boze tovenaar woonde die de betovering had verbroken.

Na een epische strijd slaagde Jonas erin om de tovenaar te verslaan en de betovering van de klok te herstellen. De betoverde wereld veranderde terug in de rommelige kelder van zijn grootouders, en Jonas stond daar, ademloos en overweldigd door alles wat er was gebeurd.

En terwijl hij de glimmende klok weer op zijn plaats zette in de kelder van zijn grootouders, wist Jonas dat hij altijd een stukje van die magische wereld met zich mee zou dragen, waar hij ook naartoe ging.

The Magical Clock

On a rainy day, when the clouds hung low and the wind whistled through the streets, Jonas discovered something remarkable in his grandparents' cluttered basement. It was an old, rusty clock hidden behind stacks of boxes and old furniture.

Jonas, a curious young man with a vivid imagination, was immediately fascinated by the clock. He brushed off the dust and studied it carefully. Despite its neglected state, the clock emitted a strange, enchanting glow. "There must be something special about this," thought Jonas as he examined the clock more closely.

Suddenly, as he ran his hand over the dial, Jonas felt a tingling sensation in his fingers. And to his amazement, the clock began to buzz and vibrate like an excited bee.

Jonas couldn't believe his eyes as the clock began to glow and emit a soft, melodious chime. It was as if the clock was coming to life in his hands.

In wonder, Jonas watched as the clock slowly began to change. The rusty surface disappeared, replaced by shining gold and sparkling gemstones. The hands spun faster and faster, as if following a secret rhythm known only to the clock.

And then, with a final flash of light, Jonas suddenly found himself not in his grandparents' basement, but in an enchanting world full of color and magic.

It was as if he had traveled through time and arrived in a fairy-tale land. Everywhere he looked, he saw beautiful castles, glistening lakes, and lush forests full of mystery.

A group of cheerful elves approached him, greeting him with playful smiles and joyful dances. They told him that he had been chosen to restore the enchantment of the clock and restore peace to their land.

With a mix of excitement and determination, Jonas embarked on his mission. He traveled through the enchanted land, encountering strange creatures and overcoming difficult challenges. But each time, he drew strength from the magic of the clock, which helped him to keep going.
Eventually, after many adventures and dangers, Jonas arrived at the dark castle where the evil wizard lived who had broken the enchantment.
After an epic battle, Jonas succeeded in defeating the wizard and restoring the enchantment of the clock. The enchanted world transformed back into his grandparents' cluttered basement, and Jonas stood there, breathless and overwhelmed by everything that had happened.
And as he placed the gleaming clock back in its place in his grandparents' basement, Jonas knew that he would always carry a piece of that magical world with him, wherever he went.

De Reis

In een rustig dorpje aan de rand van het bos woonde een jonge vrouw genaamd Eva. Ze had altijd al van reizen gedroomd, van het ontdekken van nieuwe werelden en het vinden van haar eigen weg in het leven.

Op een warme zomerdag, terwijl de bloemen bloeiden en de vogels zongen, besloot Eva om haar dromen waar te maken. Ze pakte haar rugzak en vertrok, zonder een duidelijk plan, maar met een open hart voor avontuur.

Al snel kwam Eva een wijze oude man tegen die onder een boom zat te rusten. Hij keek haar vriendelijk aan en zei: "Waar ga je naartoe, jonge vrouw?"

"Ik weet het niet," antwoordde Eva eerlijk, "maar ik voel dat ik moet reizen, dat er iets op me wacht aan de horizon."

De oude man glimlachte en knikte begrijpend. "Dan wens ik je een goede reis," zei hij, "en onthoud altijd: het zijn niet de bestemmingen die tellen, maar de reis zelf."

Met deze woorden in haar achterhoofd vervolgde Eva haar reis, vastbesloten om de wereld te verkennen en haar eigen pad te vinden. Ze liep langs kronkelende rivieren, door dichte bossen en over uitgestrekte velden, altijd met een gevoel van verwondering en nieuwsgierigheid.

Maar naarmate de dagen verstreken en de reis langer duurde, begon Eva zich af te vragen of ze wel op de juiste weg was. Ze voelde zich verloren en verward, alsof ze verdwaald was in een doolhof van twijfel en angst.

Op een avond, toen de zon onderging en de sterren aan de hemel verschenen, besloot Eva te rusten onder een oude eik. Ze sloot haar ogen en bad om begeleiding, om een teken dat haar zou helpen haar weg te vinden.

En toen, in haar dromen, verscheen er een prachtige vlinder voor Eva's ogen. Hij fladderde elegant door de nacht, zijn vleugels schitterend in het maanlicht.

Eva voelde een golf van vrede en rust over haar heen komen bij het zien van de vlinder. Het was alsof hij haar vertelde dat alles goed zou komen, dat ze op de juiste weg was, ook al leek het soms moeilijk.

De volgende ochtend werd Eva wakker met een hernieuwde vastberadenheid in haar hart. Ze wist dat de vlinder haar een teken had gegeven, een teken om door te gaan en te blijven geloven in haar dromen. En dus vervolgde Eva haar reis, met de vlinder als haar metgezel en haar gids. Ze zag prachtige landschappen, ontmoette bijzondere mensen en beleefde onvergetelijke avonturen, altijd met de vlinder aan haar zijde.

Uiteindelijk, na vele maanden van reizen, kwam Eva aan bij een schitterende tuin, verborgen achter hoge muren en omringd door kleurrijke bloemen. Het was alsof ze een stukje paradijs op aarde had gevonden.

In de tuin ontmoette Eva een wijze vrouw die haar verwelkomde met open armen. Ze vertelde Eva dat ze haar bestemming had bereikt, dat ze de antwoorden had gevonden waar ze naar op zoek was.

En terwijl Eva door de tuin liep, haar hart vervuld van vreugde en vrede, voelde ze de vlinder op haar schouder landen.

Want zoals de oude man had gezegd: het zijn niet de bestemmingen die tellen, maar de reis zelf.

The Journey

In a quiet village on the edge of the forest lived a young woman named Eva. She had always dreamed of traveling, of discovering new worlds and finding her own path in life.

On a warm summer day, while the flowers bloomed and the birds sang, Eva decided to make her dreams come true. She packed her backpack and set off, without a clear plan, but with an open heart for adventure.

Soon, Eva encountered a wise old man resting under a tree. He looked at her kindly and said, "Where are you going, young woman?"

"I don't know," Eva replied honestly, "but I feel like I need to travel, that there is something waiting for me on the horizon."

The old man smiled and nodded understandingly. "Then I wish you a safe journey," he said, "and always remember: it's not the destinations that matter, but the journey itself."

With these words in her mind, Eva continued her journey, determined to explore the world and find her own path. She walked along winding rivers, through dense forests, and across vast fields, always with a sense of wonder and curiosity.

But as the days passed and the journey grew longer, Eva began to wonder if she was on the right path. She felt lost and confused, as if she were trapped in a maze of doubt and fear.

One evening, as the sun set and the stars appeared in the sky, Eva decided to rest under an old oak tree. She closed her eyes and prayed for guidance, for a sign that would help her find her way.

And then, in her dreams, a beautiful butterfly appeared before Eva's eyes. It fluttered gracefully through the night, its wings shimmering in the moonlight.

Eva felt a wave of peace and tranquility wash over her at the sight of the butterfly. It was as if it was telling her that everything would be okay, that she was on the right path, even though it sometimes seemed difficult.

The next morning, Eva woke up with a renewed determination in her heart. She knew that the butterfly had given her a sign, a sign to keep going and to keep believing in her dreams.

And so, Eva continued her journey, with the butterfly as her companion and her guide. She saw beautiful landscapes, met extraordinary people, and experienced unforgettable adventures, always with the butterfly by her side.

Eventually, after many months of traveling, Eva arrived at a beautiful garden, hidden behind high walls and surrounded by colorful flowers. It was as if she had found a piece of paradise on earth.

In the garden, Eva met a wise woman who welcomed her with open arms. She told Eva that she had reached her destination, that she had found the answers she was looking for.

And as Eva walked through the garden, her heart filled with joy and peace, she felt the butterfly land on her shoulder.

For as the old man had said: it's not the destinations that matter, but the journey itself.

De Geheime Brieven

In een klein dorpje aan de rand van het bos woonde een vrouw genaamd Anna. Ze was al vele jaren alleen, maar ze koesterde een geheim dat haar hart warm hield.

Elke dag zat Anna aan haar tafeltje bij het raam en schreef ze brieven. Deze brieven waren niet zomaar brieven; het waren liefdesbrieven aan een man die ze lang geleden had ontmoet.

De man heette Pieter en hij was de liefde van Anna's leven. Maar Pieter was vertrokken naar verre oorden om te vechten in een oorlog, en Anna had nooit meer iets van hem gehoord.

Ondanks dat ze nooit een antwoord kreeg, bleef Anna trouw brieven schrijven aan Pieter. Ze vertelde hem over haar leven in het dorp, over de bloemen in haar tuin en de vogels die zongen bij het ochtendgloren.

Op een dag, toen de zon hoog aan de hemel stond en de bloemen bloeiden in alle kleuren van de regenboog, klopte er een vreemdeling aan bij Anna's deur.

De vreemdeling was een jonge man met een vriendelijk gezicht en twinkelende ogen. Hij vertelde Anna dat hij een boodschap had voor haar, een boodschap van een verre vriend.

Met trillende handen opende Anna de brief die de vreemdeling haar gaf. Haar hart sloeg over toen ze de bekende handschrift herkende; het was de hand van Pieter.

In de brief vertelde Pieter Anna over zijn avonturen in verre landen, over de vrienden die hij had gemaakt en de uitdagingen die hij had overwonnen. Maar het belangrijkste was dat hij haar vertelde dat hij haar nooit was vergeten, dat ze altijd in zijn gedachten was geweest.

Anna voelde tranen in haar ogen bij het lezen van Pieter's woorden. Haar hart vulde zich met vreugde en hoop bij het besef dat haar liefde voor Pieter nooit tevergeefs was geweest.

Met hernieuwde energie begon Anna weer te schrijven aan Pieter. Ze vertelde hem over haar vreugde bij het ontvangen van zijn brief, over haar hoop dat ze elkaar ooit weer zouden zien.

En hoewel de dagen lang waren en de brieven langzaam reisden over de zeeën en door de bergen, bleef Anna volharden in haar liefde voor Pieter. Ze wist dat hun liefde sterker was dan welke afstand dan ook, sterker zelfs dan de tijd zelf.

Op een koude winterdag, toen de sneeuw zachtjes neerdaalde en de wereld bedekte onder een witte deken, kwam er opnieuw een klop op de deur van Anna's huis.

Dit keer was het niet een vreemdeling, maar een bekende figuur die ze al lang had gemist. Het was Pieter, teruggekeerd naar huis na vele jaren van avonturen en ontberingen.

Anna kon haar ogen niet geloven toen ze Pieter zag staan in de deuropening. Haar hart maakte een sprongetje van vreugde bij het zien van zijn vertrouwde gezicht.

Met tranen in hun ogen vielen Anna en Pieter elkaar in de armen. Het was alsof de tijd had stilgestaan sinds hun laatste ontmoeting, alsof ze nooit van elkaar gescheiden waren geweest.

En terwijl de sneeuw zachtjes neerdaalde buiten, zaten Anna en Pieter bij het knapperende haardvuur en deelden ze verhalen over hun avonturen en hun liefde voor elkaar.

The Secret Letters

In a small village on the edge of the forest lived a woman named Anna. She had been alone for many years, but she cherished a secret that kept her heart warm.

Every day, Anna sat at her table by the window and wrote letters. These letters were not just any letters; they were love letters to a man she had met long ago.

The man's name was Pieter, and he was the love of Anna's life. But Pieter had gone to distant lands to fight in a war, and Anna had never heard from him again.

Despite never receiving a reply, Anna remained faithful in writing letters to Pieter. She told him about her life in the village, about the flowers in her garden, and the birds that sang at dawn.

One day, when the sun was high in the sky and the flowers bloomed in all the colors of the rainbow, a stranger knocked on Anna's door.

The stranger was a young man with a friendly face and twinkling eyes. He told Anna that he had a message for her, a message from a distant friend. With trembling hands, Anna opened the letter that the stranger gave her. Her heart skipped a beat when she recognized the familiar handwriting; it was Pieter's hand.

In the letter, Pieter told Anna about his adventures in distant lands, about the friends he had made, and the challenges he had overcome. But most importantly, he told her that he had never forgotten her, that she had always been in his thoughts.

Tears filled Anna's eyes as she read Pieter's words. Her heart filled with joy and hope at the realization that her love for Pieter had never been in vain.

With renewed energy, Anna began writing to Pieter again. She told him about her joy at receiving his letter, about her hope that they would see each other again someday.

And although the days were long and the letters traveled slowly across the seas and through the mountains, Anna persisted in her love for Pieter. She knew that their love was stronger than any distance, even stronger than time itself.

On a cold winter day, when the snow gently fell and covered the world in a white blanket, there was another knock on Anna's door.

This time, it wasn't a stranger, but a familiar figure she had long missed. It was Pieter, returned home after many years of adventures and hardships. Anna couldn't believe her eyes when she saw Pieter standing in the doorway. Her heart leaped for joy at the sight of his familiar face.

With tears in their eyes, Anna and Pieter embraced each other. It was as if time had stood still since their last meeting, as if they had never been separated from each other.

And as the snow gently fell outside, Anna and Pieter sat by the crackling fire and shared stories of their adventures and their love for each other.

De Geluksvogel

In een rustig dorpje aan de rand van het bos woonde een jonge man genaamd Jonas. Jonas was een eenvoudige jongen die elke dag zijn kost verdiende door het verzorgen van de dieren op de boerderij van meneer Van Dam.

Op een zonnige ochtend, terwijl de vogels vrolijk zongen en de bloemen in bloei stonden, ontmoette Jonas een oude man die op een bankje in het park zat. De oude man had een vriendelijk gezicht en een sprankeling in zijn ogen.

"Goedemorgen, jongeman," zei de oude man met een glimlach. "Heb je ooit gehoord van de geluksvogel?"

Jonas schudde zijn hoofd. "Nee, ik heb nog nooit van de geluksvogel gehoord," antwoordde hij nieuwsgierig.

De oude man knikte begrijpend. "De geluksvogel is een mythisch wezen dat geluk brengt aan degenen die het geluk hebben om het te zien. Het wordt gezegd dat het zijn nest bouwt in de hoogste boomtoppen, waar het uitkijkt over het hele dorp."

Jonas luisterde aandachtig naar de woorden van de oude man. Hij kon het zich haast niet voorstellen dat er echt zoiets als een geluksvogel bestond.

"Maar hoe kan ik de geluksvogel vinden?" vroeg Jonas, zijn nieuwsgierigheid gewekt.

De oude man glimlachte geheimzinnig. "De geluksvogel verschijnt alleen aan degenen die het verdienen om gelukkig te zijn. Het zijn degenen die vriendelijkheid en mededogen tonen jegens anderen, die de ware betekenis van geluk begrijpen."

Met deze woorden stond de oude man op en liep hij weg, zijn geheimzinnige glimlach achterlatend.

Jonas dacht na over de woorden van de oude man terwijl hij terugliep naar de boerderij van meneer Van Dam. Hij besloot om vriendelijkheid en mededogen te tonen jegens iedereen die hij ontmoette, in de hoop dat hij ooit de geluksvogel zou kunnen zien.

Dagen gingen voorbij en Jonas bleef trouw aan zijn besluit. Hij hielp zijn buren met klusjes, gaf eten aan de armen en zorgde liefdevol voor de dieren op de boerderij.

En toen, op een heldere zomerochtend, terwijl Jonas in het park liep, hoorde hij plotseling een vrolijk gefluit in de lucht. Hij keek omhoog en zag tot zijn verbazing een prachtige vogel met kleurrijke veren die hoog boven hem zweefde.

Het was de geluksvogel!

Jonas voelde een golf van vreugde en opwinding door hem heen gaan bij het zien van de vogel. Hij wist dat hij het geluk had gehad om de geluksvogel te zien, en dat hij zijn vriendelijkheid en mededogen had beloond.

Met een glimlach op zijn gezicht keerde Jonas terug naar de boerderij van meneer Van Dam. Hij vertelde iedereen die het wilde horen over zijn ontmoeting met de geluksvogel en hoe hij had geleerd dat echte geluk te vinden is in vriendelijkheid en mededogen.

The Lucky Bird

In a quiet village on the edge of the forest lived a young man named Jonas. Jonas was a simple boy who earned his living every day by taking care of the animals on Mr. Van Dam's farm.

One sunny morning, while the birds were chirping cheerfully and the flowers were in full bloom, Jonas met an old man sitting on a bench in the park. The old man had a friendly face and a twinkle in his eyes.

"Good morning, young man," said the old man with a smile. "Have you ever heard of the lucky bird?"

Jonas shook his head. "No, I've never heard of the lucky bird," he replied curiously.

The old man nodded understandingly. "The lucky bird is a mythical creature that brings happiness to those lucky enough to see it. It is said to build its nest in the highest treetops, where it overlooks the entire village."

Jonas listened attentively to the old man's words. He could hardly imagine that there really was such a thing as a lucky bird.

"But how can I find the lucky bird?" asked Jonas, his curiosity piqued.

The old man smiled mysteriously. "The lucky bird only appears to those who deserve to be happy. It is those who show kindness and compassion towards others, who understand the true meaning of happiness."

With these words, the old man stood up and walked away, leaving behind his mysterious smile.

Jonas pondered the old man's words as he walked back to Mr. Van Dam's farm. He decided to show kindness and compassion to everyone he met, hoping that one day he might see the lucky bird.

Days passed and Jonas remained true to his decision. He helped his neighbors with chores, fed the poor, and lovingly cared for the animals on the farm.

And then, one bright summer morning, as Jonas walked in the park, he suddenly heard a cheerful chirping in the air. He looked up and to his amazement, saw a beautiful bird with colorful feathers soaring high above him.

It was the lucky bird!

Jonas felt a wave of joy and excitement wash over him at the sight of the bird. He knew he had been lucky enough to see the lucky bird, and that his kindness and compassion had been rewarded.

With a smile on his face, Jonas returned to Mr. Van Dam's farm. He told everyone who would listen about his encounter with the lucky bird and how he had learned that true happiness is found in kindness and compassion.

De Oude Brug

Langs de oevers van de rivier lag een klein dorpje, verscholen tussen de groene heuvels. In het hart van het dorp stond een oude brug, een symbool van verbinding en geschiedenis.

Op een rustige ochtend, toen de mist nog over de rivier hing en de eerste zonnestralen door de bomen braken, liep een jonge vrouw genaamd Sarah over de oude brug. Ze was nieuw in het dorp en had besloten om een wandeling te maken om haar nieuwe omgeving te verkennen.

Terwijl ze over de oude stenen liep, voelde Sarah een gevoel van rust en sereniteit over zich heen komen. De rivier kabbelde zachtjes onder de brug door en de geluiden van de natuur vulden de lucht.

Plotseling hoorde Sarah een zacht gefluister achter zich. Ze draaide zich om en zag een oude man aan de andere kant van de brug staan, zijn grijze haren wapperend in de wind.

"Goedemorgen, jongedame," zei de oude man met een vriendelijke glimlach. "Heb je ooit gehoord van de legende van de oude brug?"

Sarah schudde haar hoofd, nieuwsgierig naar wat de oude man te vertellen had.

De oude man knikte begrijpend. "De oude brug heeft vele verhalen te vertellen," zei hij. "Het wordt gezegd dat de brug gebouwd werd door de eerste bewoners van het dorp, lang geleden. Het verbindt niet alleen de oevers van de rivier, maar ook de harten van de mensen die er overheen lopen."

Sarah luisterde aandachtig naar de woorden van de oude man. Ze kon zich nauwelijks voorstellen dat de oude brug zoveel geschiedenis met zich meebracht.

"Maar waarom fluistert de brug?" vroeg Sarah, haar nieuwsgierigheid gewekt.

De oude man glimlachte mysterieus. "De brug fluistert de verhalen van hen die er overheen gelopen hebben," antwoordde hij. "Het fluistert van liefde en verlies, van vreugde en verdriet. Het zijn de stemmen van degenen die hier voor ons waren, en degenen die nog komen zullen."

Met deze woorden draaide de oude man zich om en verdween in de ochtendmist, zijn woorden achterlatend als een echo in Sarah's gedachten.

Terwijl Sarah verder liep over de oude brug, voelde ze de kracht van de verhalen die erin verscholen lagen. Ze dacht aan de generaties van mensen die voor haar over de stenen hadden gelopen, hun dromen en angsten met zich meedragend.

Plotseling hoorde ze opnieuw een zacht gefluister, dit keer dichterbij dan ooit. Ze boog zich voorover en luisterde aandachtig naar de stemmen die uit de stenen leken te komen.

De stemmen vertelden verhalen van liefde en verlies, van hoop en wanhoop. Ze vertelden van de vreugde van het vinden van een nieuw thuis en de pijn van het afscheid nemen van geliefden.

Toen de zon langzaam opkwam en de ochtendmist optrok, keerde Sarah terug naar haar huis in het dorp.

En zo, terwijl de dagen verstreken en de seizoenen kwamen en gingen, bleef de oude brug staan als een stille getuige van de tijd, haar verhalen fluisterend naar degenen die wilden luisteren. Want hoewel de wereld om haar heen veranderde, bleef de oude brug altijd hetzelfde, een symbool van hoop en verbondenheid voor de generaties die zouden komen.

The Old Bridge

Along the banks of the river lay a small village, nestled among the green hills. At the heart of the village stood an old bridge, a symbol of connection and history.

On a quiet morning, when the mist still hung over the river and the first rays of sunlight broke through the trees, a young woman named Sarah walked across the old bridge. She was new to the village and had decided to take a stroll to explore her new surroundings.

As she walked across the old stones, Sarah felt a sense of peace and serenity wash over her. The river flowed gently beneath the bridge, and the sounds of nature filled the air.

Suddenly, Sarah heard a soft whisper behind her. She turned around and saw an old man standing on the other side of the bridge, his gray hair fluttering in the wind.

"Good morning, young lady," said the old man with a friendly smile. "Have you ever heard of the legend of the old bridge?"

Sarah shook her head, curious to hear what the old man had to say.

The old man nodded understandingly. "The old bridge has many stories to tell," he said. "It is said to have been built by the first inhabitants of the village, long ago. It not only connects the banks of the river but also the hearts of the people who walk across it."

Sarah listened attentively to the old man's words. She could hardly imagine that the old bridge carried so much history with it.

"But why does the bridge whisper?" asked Sarah, her curiosity piqued.

The old man smiled mysteriously. "The bridge whispers the stories of those who have walked across it," he replied. "It whispers of love and loss, of joy and sorrow. It is the voices of those who came before us and those who are yet to come."

With these words, the old man turned and disappeared into the morning mist, leaving his words echoing in Sarah's mind.

As Sarah continued to walk across the old bridge, she felt the power of the stories hidden within it. She thought of the generations of people who had walked over the stones before her, carrying their dreams and fears with them.

Suddenly, she heard a soft whisper again, this time closer than ever. She leaned in and listened intently to the voices that seemed to emanate from the stones.

The voices told stories of love and loss, of hope and despair. They spoke of the joy of finding a new home and the pain of saying goodbye to loved ones.

As the sun slowly rose and the morning mist lifted, Sarah returned to her home in the village.

And so, as the days passed and the seasons came and went, the old bridge stood as a silent witness to time, whispering its stories to those who cared to listen. For although the world around it changed, the old bridge remained the same, a symbol of hope and connection for the generations to come.

De Visser en de Zee

Er was eens een visser die elke ochtend vroeg opstond om naar de zee te gaan. Hij hield van de zee, met haar eindeloze golven en de kalme rust die ze bracht. Elke dag nam hij zijn kleine bootje en voer hij uit, alleen met zijn gedachten en zijn verlangen naar de vangst van de dag.

Op een ochtend, toen de zon net begon op te komen en de lucht nog fris was, stapte de visser in zijn bootje en roeide hij naar zijn favoriete plekje op zee. De zee was rustig, bijna alsof ze sliep, en de visser voelde zich vol hoop toen hij zijn net uitgooide.

Hij wachtte geduldig, zijn ogen gericht op het wateroppervlak, op zoek naar tekenen van leven onder de golven. De tijd leek langzaam voorbij te kruipen terwijl hij daar zat, alleen met zijn gedachten en het geluid van de golven die zachtjes tegen zijn bootje kabbelden.

Plotseling voelde hij een ruk aan zijn net. Zijn hart sprong op van opwinding terwijl hij het net langzaam naar boven trok. En daar, glinsterend in het ochtendlicht, zag hij de vangst van de dag: een grote, glimmende vis die spartelde in het net.

De visser glimlachte breed terwijl hij de vis uit het net haalde en hem in de boot legde. Hij voelde zich trots en tevreden, wetende dat hij genoeg zou hebben om zijn familie te voeden en misschien zelfs wat over te houden om te verkopen op de markt.

Maar net toen hij zich omdraaide om terug te roeien naar de kust, voelde hij een sterke wind opsteken. De lucht begon donkerder te worden en de golven begonnen wilder te worden. De visser keek om zich heen en zag dat hij ver van de kust was afgedreven, verder dan hij ooit was geweest.

Paniek greep hem bij de keel terwijl hij worstelde om zijn bootje onder controle te houden. De golven beukten tegen de kleine boot en hij voelde zich machteloos tegenover de kracht van de zee. Hij riep om hulp, maar zijn stem werd gesmoord door het geluid van de wind en de golven.

Maar te midden van zijn angst herinnerde de visser zich iets dat zijn grootvader hem ooit had verteld. Hij sloot zijn ogen en concentreerde zich, zijn ademhaling langzaam en diep. En toen, met een kalme vastberadenheid, begon hij te roeien.

Hij roeide met al zijn kracht, zijn spieren brandend van inspanning terwijl hij vocht tegen de woeste golven. Het kostte hem veel moeite, maar hij bleef roeien, vastbesloten om terug te keren naar de veilige haven van de kust.

Uren leken voorbij te gaan terwijl de visser vocht tegen de zee. Maar langzaam maar zeker begon de wind af te nemen en de golven kalmeerden. En uiteindelijk, uitgeput maar opgelucht, zag hij in de verte de vertrouwde contouren van de kustlijn opdoemen.

Met de laatste restjes van zijn kracht roeide de visser naar de kust, waar hij met een zucht van opluchting zijn boot aan land trok. Hij viel op zijn knieën, zijn handen trillend van vermoeidheid en dankbaarheid voor zijn redding.

En daar, met zijn boot veilig aan wal en de zon die langzaam onderging aan de horizon, besefte de visser dat hij meer had overwonnen dan alleen de kracht van de zee. Hij had zijn angst overwonnen, zijn doorzettingsvermogen getest en ontdekt dat er een kracht in hem school die sterker was dan hij ooit had gedacht.

En terwijl hij daar zat, met de zoute lucht in zijn neus en het geluid van de golven in zijn oren, wist de visser dat hij altijd de zee zou blijven trotseren, wetende dat hij alles kon overwinnen zolang hij maar geloofde in zichzelf.

The Fisherman and the Sea

Once upon a time, there was a fisherman who woke up early every morning to go to the sea. He loved the sea, with its endless waves and the calm tranquility it brought. Every day he took his small boat and set out, alone with his thoughts and his desire for the catch of the day.

One morning, as the sun was just beginning to rise and the air was still fresh, the fisherman stepped into his boat and rowed to his favorite spot at sea. The sea was calm, almost as if it were sleeping, and the fisherman felt full of hope as he cast his net.

He waited patiently, his eyes fixed on the surface of the water, searching for signs of life beneath the waves. Time seemed to pass slowly as he sat there, alone with his thoughts and the sound of the waves gently lapping against his boat.

Suddenly, he felt a tug on his net. His heart leaped with excitement as he slowly pulled the net up. And there, glistening in the morning light, he saw the catch of the day: a large, shiny fish wriggling in the net.

The fisherman smiled broadly as he took the fish out of the net and laid it in the boat. He felt proud and satisfied, knowing he would have enough to feed his family and perhaps even some left over to sell at the market.

But just as he turned to row back to shore, he felt a strong wind pick up. The sky began to darken, and the waves grew rougher. The fisherman looked around and realized he had drifted far from the shore, farther than he had ever been.

Panic seized him as he struggled to control his boat. The waves pounded against the small vessel, and he felt helpless against the power of the sea. He cried out for help, but his voice was drowned out by the sound of the wind and the waves.

But amidst his fear, the fisherman remembered something his grandfather had once told him. He closed his eyes and focused, his breathing slow and deep. And then, with a calm determination, he began to row.

He rowed with all his strength, his muscles burning with effort as he fought against the raging waves. It took him great effort, but he kept rowing, determined to return to the safe haven of the shore.

Hours seemed to pass as the fisherman battled the sea. But slowly but surely, the wind began to die down and the waves calmed. And eventually, exhausted but relieved, he saw in the distance the familiar outlines of the coastline emerging.

With the last remnants of his strength, the fisherman rowed to the shore, where he pulled his boat ashore with a sigh of relief. He fell to his knees, his hands trembling with fatigue and gratitude for his rescue.

And there, with his boat safely on land and the sun slowly setting on the horizon, the fisherman realized he had overcome more than just the strength of the sea. He had conquered his fear, tested his perseverance, and discovered a strength within himself that was stronger than he had ever imagined.

And as he sat there, with the salty air in his nostrils and the sound of the waves in his ears, the fisherman knew that he would always continue to brave the sea, knowing that he could overcome anything as long as he believed in himself.

De Bloem en de Zon

Er was eens een kleine bloem die groeide aan de rand van een weide, omringd door hoge grassen en bomen. De bloem was niet zo groot als de anderen om haar heen, maar ze straalde een intense schoonheid uit die alle voorbijgangers trok.

Elke dag, als de zon haar stralen over het land verspreidde, opende de bloem haar delicate blaadjes en dronk ze gulzig van het warme licht. Ze voelde zich levendig en gelukkig, haar bloemblaadjes trilden van opwinding terwijl ze de wereld om haar heen bewonderde.

Op een dag, toen de zon op haar hoogst stond en de lucht blauw en helder was, verscheen er een jonge man op de weide. Hij liep langzaam, zijn ogen zoekend naar iets moois om naar te kijken. En toen hij de kleine bloem zag, stopte hij abrupt en staarde naar haar met verwondering in zijn ogen.

De bloem voelde de warmte van zijn blik en haar blaadjes bloeiden nog verder open. Ze voelde zich vereerd dat hij haar had opgemerkt tussen al het andere groen om haar heen. En terwijl de jonge man naar haar toe liep, voelde de bloem een vreemde opwinding in haar hart.

"Hallo daar, mooie bloem," zei de jonge man met een glimlach. "Wat ben je prachtig!"

De bloem bloosde bij zijn woorden en boog nederig haar hoofd. Ze had nog nooit zulke vriendelijke woorden gehoord, en ze voelde zich gevuld met een warm gevoel van geluk.

"Bedankt," fluisterde ze zachtjes, haar stem als een zuchtje wind door de weide.

De jonge man glimlachte en strekte zijn hand uit om de bloem aan te raken. Voorzichtig raakte hij haar blaadjes aan, zijn vingers trillend van opwinding. En terwijl hij haar aanraakte, voelde de bloem een elektrische stoot door haar heen gaan, alsof er iets magisch tussen hen gebeurde.

De dagen gingen voorbij en de jonge man kwam elke dag terug naar de weide om de bloem te bezoeken. Ze werden vrienden, delend in de warmte van de zon en de schoonheid van de natuur om hen heen. En langzaam maar zeker begon de bloem verliefd te worden op de jonge man, haar hart vervuld van een diep verlangen naar zijn aanwezigheid.

Maar op een dag, toen de lucht grijs en somber was en de regen zachtjes neerdaalde op de weide, kwam de jonge man niet opdagen. De bloem wachtte geduldig, haar blaadjes hangend van verdriet terwijl ze hoopte op zijn terugkeer. Maar hoe lang ze ook wachtte, de jonge man kwam niet.

Week na week ging voorbij, en nog steeds kwam de jonge man niet terug naar de weide. De bloem voelde haar hart breken bij het idee dat hij haar misschien vergeten was, dat hij haar schoonheid en haar liefde had achtergelaten voor iets anders.

Maar ondanks haar verdriet, bleef de bloem trouw aan haar liefde voor de jonge man. Ze bleef groeien en bloeien, haar blaadjes openend voor de zon en haar wortels diep verankerd in de aarde. Want hoewel de jonge man misschien weg was, was zijn herinnering aan haar blijven bestaan, als een helder licht in haar hart.

En op een dag, toen de zon weer hoog aan de hemel stond en de lucht helder was, kwam de jonge man eindelijk terug naar de weide. Zijn ogen zochten onmiddellijk naar de kleine bloem, en toen hij haar zag, straalde zijn gezicht van vreugde.

"Daar ben je, mijn mooie bloem," riep hij uit, zijn stem gevuld met oprechte blijdschap. "Ik heb je gemist!"

De bloem hoorde zijn woorden en voelde haar hart overlopen van vreugde. Ze had nooit gedacht dat hij terug zou komen, maar hier was hij, net zo stralend en liefdevol als altijd.

"Ik heb jou ook gemist," fluisterde ze zachtjes, haar blaadjes trillend van emotie.

De jonge man glimlachte en strekte zijn hand uit om de bloem aan te raken.

En daar, te midden van de weide en onder de stralende zon, bloeide de liefde tussen de bloem en de jonge man opnieuw op, sterker en mooier dan ooit tevoren. Want hoewel de tijd was gekomen en gegaan, was hun liefde voor elkaar blijven groeien, als een delicate bloem die gedijt in het warme licht van de zon.

The Flower and the Sun

Once upon a time, there was a small flower growing at the edge of a meadow, surrounded by tall grasses and trees. The flower wasn't as big as the others around her, but she radiated an intense beauty that attracted all passersby.

Every day, as the sun spread its rays over the land, the flower opened her delicate petals and drank greedily from the warm light. She felt alive and happy, her petals trembling with excitement as she admired the world around her.

One day, when the sun was at its highest and the sky was blue and clear, a young man appeared in the meadow. He walked slowly, his eyes searching for something beautiful to gaze upon. And when he saw the small flower, he stopped abruptly and stared at her with wonder in his eyes.

The flower felt the warmth of his gaze, and her petals bloomed even further open. She felt honored that he had noticed her among all the other greenery around her. And as the young man approached her, the flower felt a strange excitement in her heart.

"Hello there, beautiful flower," the young man said with a smile. "You are so lovely!"

The flower blushed at his words and humbly bowed her head. She had never heard such kind words before, and she felt filled with a warm feeling of happiness.

"Thank you," she whispered softly, her voice like a gentle breeze through the meadow.

The young man smiled and reached out to touch the flower. Gently, he touched her petals, his fingers trembling with excitement. And as he touched her, the flower felt an electric shock run through her, as if something magical was happening between them.

Days went by, and the young man returned to the meadow every day to visit the flower. They became friends, sharing in the warmth of the sun and the beauty of the nature around them. And slowly but surely, the flower began to fall in love with the young man, her heart filled with a deep longing for his presence.

But one day, when the sky was gray and somber and the rain was softly falling on the meadow, the young man didn't show up. The flower waited patiently, her petals drooping with sadness as she hoped for his return. But no matter how long she waited, the young man did not come.

Week after week passed, and still the young man did not return to the meadow. The flower felt her heart breaking at the thought that he might have forgotten her, that he had left her beauty and her love behind for something else.

But despite her sorrow, the flower remained faithful to her love for the young man. She continued to grow and bloom, her petals opening to the sun and her roots deeply anchored in the earth. For although the young man may have been gone, his memory of her had remained, like a bright light in her heart.

And one day, when the sun was high in the sky again and the sky was clear, the young man finally returned to the meadow. His eyes immediately sought out the small flower, and when he saw her, his face lit up with joy.

"There you are, my beautiful flower," he exclaimed, his voice filled with genuine happiness. "I've missed you!"

The flower heard his words and felt her heart overflowing with joy. She had never thought he would come back, but here he was, just as radiant and loving as ever.

"I missed you too," she whispered softly, her petals trembling with emotion.

The young man smiled and reached out to touch the flower.

And there, amidst the meadow and under the radiant sun, the love between the flower and the young man bloomed once again, stronger and more beautiful than ever before. For although time had come and gone, their love for each other had continued to grow, like a delicate flower thriving in the warm light of the sun.

35

De Wonderbaarlijke Chocoladereep

In het kleine dorpje Groenewoud woonde een jongen genaamd Tim. Tim was een normale jongen met blond haar en blauwe ogen, maar hij had één buitengewoon talent: hij was dol op chocolade. Van chocoladetaart tot chocolade-ijs, Tim hield van alles wat met chocolade te maken had.

Op een dag, terwijl Tim door het dorp liep, ontdekte hij een vreemde winkel aan het einde van de straat. Het was een kleine chocolaterie met een glimmende etalage vol met de heerlijkste lekkernijen die Tim ooit had gezien. Hij kon zijn geluk niet op en snelde naar binnen om de winkel te verkennen.

Binnen in de winkel werd Tim begroet door een vriendelijke oude man achter de toonbank. De man glimlachte naar Tim en vroeg wat hij wilde hebben.

"Ik wil graag een chocoladereep, alstublieft," zei Tim enthousiast.

De oude man knikte goedkeurend en haalde een grote, glimmende chocoladereep tevoorschijn. Hij gaf hem aan Tim met een geheimzinnige glimlach en zei: "Deze chocoladereep is niet zomaar een gewone reep. Hij heeft magische krachten."

Tim keek verbaasd naar de oude man en vroeg wat hij bedoelde.

"Als je deze chocoladereep eet, zul je de meest fantastische avonturen beleven," antwoordde de oude man mysterieus. "Maar pas op, want niet alles is wat het lijkt. Je zult moed en slimheid nodig hebben om de uitdagingen te overwinnen die op je pad komen."

Tim was gefascineerd door de woorden van de oude man en nam de chocoladereep dankbaar aan. Hij bedankte de man en snelde naar huis om zijn magische avontuur te beginnen.

Eenmaal thuis ging Tim naar zijn slaapkamer en opende de chocoladereep. Hij rook aan de heerlijke geur van chocolade en nam een grote hap. Met elke hap voelde hij een golf van opwinding door zijn lichaam stromen, alsof hij werd meegenomen op een fantastische reis.

Plotseling begon de kamer om Tim heen te draaien en verdween hij in een wervelwind van kleuren en geluiden. Toen hij zijn ogen opende, bevond hij zich in een betoverend landschap van chocoladebergen en suikerwatervallen.

Tim keek zijn ogen uit en kon niet geloven dat hij echt was beland in een wereld gemaakt van chocolade. Hij rende door de suikerige straten en proefde van de heerlijke lekkernijen die overal om hem heen lagen.

Maar al snel ontdekte Tim dat niet alles in deze chocoladewereld zo zoet was als het leek. Hij werd geconfronteerd met vreemde wezens die probeerden hem tegen te houden en obstakels die zijn weg versperden.

Gelukkig herinnerde Tim zich de woorden van de oude man en wist hij dat hij moed en slimheid moest tonen om de uitdagingen te overwinnen.

Hij gebruikte zijn verstand en vindingrijkheid om de wezens te slim af te zijn en de obstakels te overwinnen, en al snel ontdekte hij dat hij sterker was dan hij ooit had gedacht.

Uiteindelijk, na vele avonturen en uitdagingen, vond Tim zichzelf terug bij de glanzende chocolaterie waar het allemaal was begonnen. Hij werd begroet door de oude man, die glimlachend naar hem keek.

"Je hebt het goed gedaan, jongen," zei de oude man trots. "Je hebt bewezen dat je moedig en slim genoeg bent om de magische krachten van de chocoladereep te gebruiken voor het goede."

Tim glimlachte breed en bedankte de oude man voor zijn wijze woorden. En met een tevreden gevoel in zijn hart verliet Tim de chocolaterie. Want één ding wist hij zeker: met een beetje moed en een flinke dosis chocolade kon hij alles aan.

The Miraculous Chocolate Bar

In the small village of Groenewoud lived a boy named Tim. Tim was a normal boy with blond hair and blue eyes, but he had one extraordinary talent: he loved chocolate. From chocolate cake to chocolate ice cream, Tim loved everything related to chocolate.

One day, while Tim was walking through the village, he discovered a strange shop at the end of the street. It was a small chocolate shop with a shiny display full of the most delicious treats Tim had ever seen. He couldn't believe his luck and rushed inside to explore the shop.

Inside the shop, Tim was greeted by a friendly old man behind the counter. The man smiled at Tim and asked what he would like.

"I'd like a chocolate bar, please," said Tim excitedly.

The old man nodded approvingly and brought out a large, shiny chocolate bar. He handed it to Tim with a mysterious smile and said, "This chocolate bar is not just an ordinary bar. It has magical powers."

Tim looked at the old man in surprise and asked what he meant.

"When you eat this chocolate bar, you will experience the most fantastic adventures," the old man replied mysteriously. "But beware, because not everything is as it seems. You will need courage and cleverness to overcome the challenges that come your way."

Tim was fascinated by the old man's words and gratefully took the chocolate bar. He thanked the man and hurried home to begin his magical adventure.

Once home, Tim went to his bedroom and opened the chocolate bar. He smelled the delicious scent of chocolate and took a big bite. With each bite, he felt a wave of excitement coursing through his body, as if he were being swept away on a fantastic journey.

Suddenly, the room around Tim began to spin, and he was engulfed in a whirlwind of colors and sounds. When he opened his eyes, he found himself in an enchanting landscape of chocolate mountains and sugar waterfalls.

Tim looked around in amazement and couldn't believe that he had truly landed in a world made of chocolate. He ran through the sugary streets and tasted the delicious treats that lay everywhere around him.

But soon, Tim discovered that not everything in this chocolate world was as sweet as it seemed. He encountered strange creatures trying to stop him and obstacles blocking his path.

Fortunately, Tim remembered the old man's words and knew that he had to show courage and cleverness to overcome the challenges. He used his wit and resourcefulness to outsmart the creatures and overcome the obstacles, and soon he discovered that he was stronger than he had ever thought.

Eventually, after many adventures and challenges, Tim found himself back at the shiny chocolate shop where it had all begun. He was greeted by the old man, who smiled proudly at him.

"You've done well, boy," said the old man proudly. "You've proven that you are brave and clever enough to use the magical powers of the chocolate bar for good."

Tim smiled broadly and thanked the old man for his wise words.

And with a contented feeling in his heart, Tim left the chocolate shop. Because one thing he knew for sure: with a little courage and a hefty dose of chocolate, he could handle anything.

De Wolkentovenaar

In een vredig dorp aan de rand van een betoverend bos woonde een jonge vrouw genaamd Elara. Elara was een dromerige ziel, altijd gefascineerd door de mysteries van de natuur om haar heen. Ze bracht haar dagen door met het verkennen van de bossen en het bestuderen van de wolken die hoog boven haar zweefden.

Op een heldere ochtend, terwijl Elara door het bos wandelde, zag ze een vreemdeling die aan de rand van een klif stond en naar de lucht staarde. De vreemdeling was een oude man met een lange witte baard en twinkelende ogen die glinsterden als sterren aan de nachtelijke hemel.

Nieuwsgierig naar de vreemdeling, liep Elara naar hem toe en vroeg wat hij deed. De oude man glimlachte vriendelijk en vertelde haar dat hij een wolkentovenaar was, een meester in het beheersen van de wolken en het manipuleren van hun vormen en bewegingen.

Elara was gefascineerd door de woorden van de oude man en vroeg hem of hij haar zijn kunsten kon laten zien. De oude man stemde toe en begon te zingen in een oud, betoverend lied dat de wolken leek te betoveren.

Langzaam begonnen de wolken in de lucht te bewegen, zich vormend tot prachtige figuren en patronen die dansten in de wind. Elara keek met verwondering toe terwijl de oude man zijn magie liet zien, en ze voelde zich betoverd door de schoonheid van de wolken die boven haar zweefden.

Na een tijdje stopte de oude man met zingen en keerden de wolken terug naar hun normale staat. Elara bedankte hem hartelijk voor het tonen van zijn kunsten en vertelde hem hoezeer ze had genoten van zijn magische optreden.

De oude man glimlachte breed en vertelde Elara dat ze een speciale band had met de wolken, een gave die maar weinigen bezaten. Hij vertelde haar dat ze de kracht had om de wolken te beïnvloeden met haar gedachten en gevoelens, en dat ze alleen maar hoefde te geloven in haar eigen vermogen om dit te doen.

Elara was verbaasd door de woorden van de oude man en wist niet zeker of ze hem moest geloven. Maar diep van binnen voelde ze een vonk van hoop en verwondering, en ze besloot de oude man te vertrouwen en zijn advies op te volgen.

Vanaf die dag begon Elara haar band met de wolken te verkennen, door te mediteren en haar gedachten te richten op de lucht boven haar. Ze ontdekte al snel dat ze inderdaad de kracht had om de wolken te beïnvloeden, om ze te laten veranderen van vorm en beweging op basis van haar eigen gedachten en gevoelens.

Met elke dag groeide Elara's verbondenheid met de wolken, en ze voelde zich gelukkiger en meer vervuld dan ooit tevoren. Ze realiseerde zich dat ze een speciale gave had gekregen, een gave die haar in staat stelde om de schoonheid en kracht van de natuur op een unieke manier te ervaren.

Op een dag, terwijl Elara in het bos liep, zag ze een groep dorpsbewoners die naar de lucht staarden, wijzend naar een grote wolk die hoog boven hen hing. De dorpsbewoners waren verbaasd en verward door de vreemde vorm van de wolk, en ze vroegen zich af wat er aan de hand was.

Elara glimlachte en stapte naar voren, haar hart vervuld van vertrouwen en vastberadenheid. Ze concentreerde zich op de wolk en stuurde haar gedachten naar de lucht, terwijl ze bad voor vrede en harmonie in het dorp.

Tot haar verbazing begon de wolk langzaam van vorm te veranderen, zich vormend tot een prachtige bloem die hoog boven het dorp zweefde. De dorpsbewoners keken met open mond toe, verbaasd over het wonder dat zich voor hun ogen voltrok.

En terwijl ze daar stond, omringd door de verwonderde blikken van de dorpsbewoners, wist Elara dat ze altijd een wolkentovenaar zou zijn, een meester in het beheersen van de wolken en het verspreiden van vrede en harmonie over de wereld.

The Cloud Sorcerer

In a peaceful village on the edge of an enchanting forest lived a young woman named Elara. Elara was a dreamy soul, always fascinated by the mysteries of the nature around her. She spent her days exploring the forests and studying the clouds that floated high above her.

One clear morning, as Elara walked through the forest, she saw a stranger standing at the edge of a cliff, gazing up at the sky. The stranger was an old man with a long white beard and twinkling eyes that shimmered like stars in the nighttime sky.

Curious about the stranger, Elara walked up to him and asked what he was doing. The old man smiled kindly and told her that he was a cloud sorcerer, a master in controlling the clouds and manipulating their shapes and movements.

Elara was fascinated by the old man's words and asked him if he could show her his skills. The old man agreed and began to sing in an ancient, enchanting song that seemed to mesmerize the clouds.

Slowly, the clouds in the sky began to move, forming into beautiful figures and patterns that danced in the wind. Elara watched in wonder as the old man demonstrated his magic, and she felt enchanted by the beauty of the clouds floating above her.

After a while, the old man stopped singing and the clouds returned to their normal state. Elara thanked him warmly for showing his skills and told him how much she had enjoyed his magical performance.

The old man smiled broadly and told Elara that she had a special connection with the clouds, a gift that few possessed. He told her that she had the power to influence the clouds with her thoughts and feelings, and that she only needed to believe in her own ability to do so.

Elara was amazed by the old man's words and wasn't sure if she should believe him. But deep inside, she felt a spark of hope and wonder, and she decided to trust the old man and follow his advice.

From that day on, Elara began to explore her connection with the clouds, meditating and focusing her thoughts on the sky above her. She soon discovered that she did indeed have the power to influence the clouds, to change their shapes and movements based on her own thoughts and feelings.

With each passing day, Elara's bond with the clouds grew stronger, and she felt happier and more fulfilled than ever before. She realized that she had been given a special gift, a gift that allowed her to experience the beauty and power of nature in a unique way.

One day, as Elara walked in the forest, she saw a group of villagers staring up at the sky, pointing to a large cloud hanging high above them. The villagers were amazed and puzzled by the strange shape of the cloud, and they wondered what was happening.

Elara smiled and stepped forward, her heart filled with confidence and determination. She focused on the cloud and sent her thoughts to the sky, praying for peace and harmony in the village.

To her astonishment, the cloud began to slowly change shape, forming into a beautiful flower that floated high above the village. The villagers watched in awe, amazed by the miracle unfolding before their eyes.

And as she stood there, surrounded by the astonished looks of the villagers, Elara knew that she would always be a cloud sorcerer, a master in controlling the clouds and spreading peace and harmony throughout the world.

De Tulpen van Amsterdam

In het hart van Amsterdam, tussen de kronkelende grachten en de kleurrijke huizen, bloeiden elk voorjaar prachtige tulpen. De tulpen van Amsterdam waren beroemd over de hele wereld vanwege hun levendige kleuren en betoverende geuren.

Op een mooie lentedag liep een jonge vrouw genaamd Anna langs de grachten van Amsterdam. Ze was een eenvoudige ziel, geboren en getogen in deze bruisende stad. Terwijl ze langs de grachten slenterde, voelde ze de warme zon op haar gezicht en de zachte bries door haar haren.

Plotseling zag Anna een kleine bloemenstal aan de kant van de weg. De bloemenstal was gevuld met een overvloed aan prachtige tulpen in alle kleuren van de regenboog. Anna glimlachte breed terwijl ze naar de bloemen keek, en ze voelde een diep verlangen om een boeket van deze betoverende tulpen mee naar huis te nemen.

Ze liep naar de bloemenstal en begroette de vriendelijke bloemist die achter de toonbank stond. De bloemist glimlachte naar Anna en vroeg hoe hij haar kon helpen.

"Ik zou graag een boeket tulpen willen kopen," zei Anna met een glimlach. "Ze zijn zo prachtig dat ik er niet aan kan weerstaan om er een paar mee naar huis te nemen."

De bloemist knikte instemmend en hielp Anna bij het kiezen van de perfecte tulpen voor haar boeket. Anna voelde zich opgewonden terwijl ze de bloemen uitkoos, en ze kon niet wachten om ze mee naar huis te nemen en ze in een vaas op haar tafel te zetten.

Met haar boeket tulpen stevig in haar hand liep Anna verder langs de grachten van Amsterdam. Terwijl ze liep, genoot ze van de levendige sfeer van de stad en de schoonheid van de bloemen om haar heen.

Maar toen, plotseling, struikelde Anna over een losse steen op de stoep en viel ze op de grond. Haar boeket tulpen viel uit haar handen en rolde de gracht in, waar het snel werd meegesleurd door de stroming van het water.

Anna voelde een steek van verdriet toen ze haar geliefde tulpen weg zag drijven in de gracht. Ze keek hulpeloos toe terwijl de bloemen uit het zicht verdwenen, en ze voelde zich machteloos om ze terug te krijgen.

Maar toen, tot haar verbazing, dook er een jonge man op vanuit het water, zijn kleren doorweekt en zijn haar nat van het water. Hij hield het boeket tulpen stevig in zijn handen, een glimlach van triomf op zijn gezicht.

"Hier zijn je tulpen," zei de jonge man, terwijl hij het boeket naar Anna uitstrekte. "Ik zag dat je ze per ongeluk in de gracht liet vallen, dus ik sprong erachteraan om ze voor je te redden."

Anna was sprakeloos van verbazing terwijl ze het boeket tulpen van de jonge man aannam. Ze bedankte hem uitbundig en vertelde hem hoe dankbaar ze was voor zijn moedige daad.

De jonge man glimlachte bescheiden en wendde zich om om terug te gaan naar het water. Maar voordat hij vertrok, draaide hij zich om naar Anna en vroeg: "Zou je het erg vinden om samen een kopje koffie te drinken om je op te warmen?"

Anna glimlachte breed en stemde graag toe. Ze voelde een warm gevoel van verbondenheid met de jonge man, en ze wist dat deze ontmoeting het begin was van iets bijzonders.

Samen liepen Anna en de jonge man naar een nabijgelegen café, hun harten vervuld van hoop en verwachting voor wat de toekomst zou brengen.

The Tulips of Amsterdam

In the heart of Amsterdam, amidst the winding canals and colorful houses, beautiful tulips bloomed every spring. The tulips of Amsterdam were famous worldwide for their vibrant colors and enchanting fragrances.

On a beautiful spring day, a young woman named Anna strolled along the canals of Amsterdam. She was a simple soul, born and raised in this bustling city. As she walked along the canals, she felt the warm sun on her face and the gentle breeze in her hair.

Suddenly, Anna spotted a small flower stall by the roadside. The flower stall was filled with an abundance of beautiful tulips in all the colors of the rainbow. Anna smiled widely as she looked at the flowers, feeling a deep desire to take a bouquet of these enchanting tulips home with her.

She approached the flower stall and greeted the friendly florist behind the counter. The florist smiled at Anna and asked how he could help her. "I would like to buy a bouquet of tulips," said Anna with a smile. "They are so beautiful that I can't resist taking a few home with me."

The florist nodded in agreement and helped Anna choose the perfect tulips for her bouquet. Anna felt excited as she selected the flowers, eager to take them home and place them in a vase on her table.

With her bouquet of tulips firmly in her hand, Anna continued her stroll along the canals of Amsterdam. As she walked, she enjoyed the vibrant atmosphere of the city and the beauty of the flowers around her.

But then, suddenly, Anna stumbled over a loose stone on the pavement and fell to the ground. Her bouquet of tulips slipped from her hands and rolled into the canal, where it was quickly carried away by the water's current.

Anna felt a pang of sadness as she watched her beloved tulips drift away in the canal. She looked helplessly as the flowers disappeared from sight, feeling powerless to retrieve them.

But then, to her amazement, a young man emerged from the water, his clothes soaked and his hair wet from the water. He held the bouquet of tulips firmly in his hands, a triumphant smile on his face.

"Here are your tulips," said the young man, as he handed the bouquet to Anna. "I saw you accidentally drop them into the canal, so I jumped in to save them for you."

Anna was speechless with astonishment as she accepted the bouquet of tulips from the young man. She thanked him profusely and told him how grateful she was for his brave act.

The young man smiled modestly and turned to go back into the water. But before he left, he turned to Anna and asked, "Would you mind having a cup of coffee together to warm up?"

Anna smiled broadly and gladly agreed. She felt a warm sense of connection with the young man, and she knew that this encounter was the beginning of something special.

Together, Anna and the young man walked to a nearby café, their hearts filled with hope and expectation for what the future would bring.

Drie Katten op het Dak

In een klein dorpje aan de rand van de stad stond een oud huis met een rood dak. Op dat rode dak woonden drie katten: een grijze, een zwarte en een gestreepte. De katten waren beste vrienden en brachten hun dagen door met luieren in de zon en het verkennen van de wereld om hen heen.

Op een warme zomerdag lagen de drie katten lui op het dak, genietend van de zonnestralen die op hun vacht schenen. De grijze kat, die Felix heette, keek uit over het dorp en zuchtte diep.

"Wat is er aan de hand, Felix?" vroeg de zwarte kat, genaamd Luna, terwijl ze haar ogen opendeed en zich oprichtte.

Felix zuchtte opnieuw en keek naar beneden naar de straat onder hen. "Ik verveel me," antwoordde hij. "Er gebeurt nooit iets interessants in dit saaie dorp."

De gestreepte kat, Max genaamd, tilde zijn kop op en keek naar Felix met een glimlach. "Waarom gaan we niet op avontuur?" stelde hij voor. "Laten we het dorp verkennen en zien wat voor spannende dingen we kunnen ontdekken."

Felix en Luna keken elkaar aan en knikten instemmend. Ze sprongen van het dak en liepen door de smalle straatjes van het dorp, op zoek naar avontuur.

Terwijl ze door het dorp liepen, ontdekten de katten allerlei interessante plekken. Ze kwamen langs een oude molen, waar ze de geur van versgebakken brood roken, en een kleine vijver, waar ze speelden met de kikkers die daar woonden.

Maar toen ze bij het park kwamen, hoorden ze plotseling een luid gekras boven hun hoofden. Ze keken omhoog en zagen een grote groep duiven op het dak van een nabijgelegen huis. De duiven fladderden opgewonden rond en maakten lawaai terwijl ze elkaar achtervolgden.

Felix, Luna en Max keken elkaar aan en glimlachten. Dit was precies het avontuur waar ze op hadden gewacht.

Met een vastberaden blik sprongen de katten op het dak en renden achter de duiven aan. Ze sprongen en klommen behendig over de daken, met de duiven vlak voor hen uit.

Na een opwindende achtervolging slaagden de katten erin om de duiven te vangen en ze weg te jagen. Ze keken trots naar elkaar, blij met hun succesvolle avontuur.

Maar toen ze terug wilden springen naar hun eigen dak, merkten ze dat ze verdwaald waren geraakt. Ze keken om zich heen, maar alle daken zagen er hetzelfde uit en ze wisten niet meer welke kant ze op moesten.

Felix, Luna en Max begonnen zich zorgen te maken. Ze miauwden luidkeels om hulp, maar niemand leek hen te horen. De zon begon onder te gaan en het werd steeds donkerder.

Net toen ze dachten dat alle hoop verloren was, hoorden ze plotseling een zachte stem onder hen. Ze keken naar beneden en zagen een oudere vrouw op straat staan, die naar hen omhoog keek met een vriendelijke glimlach.

"Hebben jullie hulp nodig, kleintjes?" vroeg de vrouw met zachte stem.

Felix, Luna en Max knikten opgelucht en miauwden naar de vrouw, terwijl ze wanhopig probeerden uit te leggen dat ze verdwaald waren.

De vrouw begreep meteen wat er aan de hand was en begon te lachen. "Geen zorgen, ik zal jullie helpen," zei ze troostend. "Volg mij maar."

De katten sprongen van het dak en volgden de vrouw door de straatjes van het dorp, terug naar hun eigen huis.

Toen ze eindelijk weer veilig thuis waren, keken Felix, Luna en Max de vrouw dankbaar aan. En terwijl ze zich nestelden op hun vertrouwde dak, omringd door de warmte van hun vriendschap, wisten de drie katten dat ze altijd een thuis zouden hebben in het hart van het dorp.

Three Cats on the Roof

In a small village on the outskirts of the city stood an old house with a red roof. On that red roof lived three cats: a gray one, a black one, and a striped one. The cats were best friends and spent their days lounging in the sun and exploring the world around them.

On a warm summer day, the three cats lay lazily on the roof, enjoying the sun rays shining on their fur. The gray cat, named Felix, looked out over the village and sighed deeply.

"What's wrong, Felix?" asked the black cat, named Luna, as she opened her eyes and sat up.

Felix sighed again and looked down at the street below them. "I'm bored," he replied. "Nothing interesting ever happens in this dull village."

The striped cat, named Max, lifted his head and looked at Felix with a smile. "Why don't we go on an adventure?" he suggested. "Let's explore the village and see what exciting things we can discover."

Felix and Luna looked at each other and nodded in agreement. They jumped off the roof and walked through the narrow streets of the village, looking for adventure.

As they walked through the village, the cats discovered all sorts of interesting places. They passed by an old mill, where they smelled the scent of freshly baked bread, and a small pond, where they played with the frogs that lived there.

But when they reached the park, they suddenly heard a loud scratching above their heads. They looked up and saw a large group of pigeons on the roof of a nearby house. The pigeons fluttered excitedly around and made noise as they chased each other.

Felix, Luna, and Max looked at each other and smiled. This was exactly the adventure they had been waiting for.

With a determined look, the cats jumped onto the roof and chased after the pigeons. They leaped and climbed agilely over the roofs, with the pigeons just ahead of them.

After an exciting chase, the cats managed to catch the pigeons and chase them away. They looked proudly at each other, pleased with their successful adventure.

But when they tried to jump back to their own roof, they realized they were lost. They looked around, but all the roofs looked the same, and they didn't know which way to go.

Felix, Luna, and Max began to worry. They meowed loudly for help, but no one seemed to hear them. The sun began to set, and it got darker and darker.

Just when they thought all hope was lost, they suddenly heard a soft voice below them. They looked down and saw an elderly woman standing in the street, looking up at them with a friendly smile.

"Do you need help, little ones?" asked the woman softly.

Felix, Luna, and Max nodded in relief and meowed to the woman, desperately trying to explain that they were lost.

The woman immediately understood what was going on and started to laugh. "Don't worry, I'll help you," she said comfortingly. "Just follow me." The cats jumped off the roof and followed the woman through the streets of the village, back to their own house.

When they finally arrived safely home, Felix, Luna, and Max looked at the woman gratefully. And as they nestled on their familiar roof, surrounded by the warmth of their friendship, the three cats knew that they would always have a home in the heart of the village.

De Roos van Geluk

Er was eens een klein dorpje genaamd Gelukzaligheid, waar de mensen vrolijk en vriendelijk waren. In dit dorp woonde een jonge vrouw genaamd Rosa. Ze had lang, golvend bruin haar en ogen zo helder als de sterren aan de nachtelijke hemel.

Rosa hield van de kleine dingen in het leven: wandelen door het veld, luisteren naar de vogels zingen en het verzorgen van haar tuin vol prachtige bloemen. Maar het belangrijkste van alles was haar rozentuin. Hier groeiden de mooiste rozen die je ooit had gezien, in alle kleuren van de regenboog.

Op een dag, toen Rosa in haar tuin aan het werk was, verscheen er een oude vrouw voor haar. Ze had grijze haren en een vriendelijk gezicht dat rimpelde toen ze glimlachte.

"Beste Rosa," sprak de oude vrouw, "ik ben op zoek naar de Roos van Geluk. Ze zeggen dat alleen jij weet waar die te vinden is."

Rosa keek verbaasd op. Ze had nog nooit gehoord van de Roos van Geluk. Maar ze voelde medelijden met de oude vrouw en besloot haar te helpen.

"Kom maar mee," zei Rosa vriendelijk, "ik zal je laten zien wat ik heb."

Ze nam de oude vrouw mee naar haar rozentuin en liet haar de prachtige bloemen zien. De oude vrouw glimlachte en bedankte haar, maar zei dat dit niet de Roos van Geluk was waar ze naar op zoek was.

Rosa voelde zich teleurgesteld, maar ze gaf niet op. Samen met de oude vrouw ging ze op zoek naar de legendarische bloem. Ze doorzochten bossen, klommen bergen en doorkruisten rivieren, maar nergens konden ze de Roos van Geluk vinden.

Uiteindelijk, toen ze bijna de hoop hadden opgegeven, stopten ze bij een klein meertje in het midden van het bos. Daar, aan de oever, stond een prachtige rozenstruik met één enkele bloem: een roos zo stralend en mooi dat het leek alsof hij uit de hemel was gevallen.

De oude vrouw keek naar de bloem en haar ogen vulden zich met tranen van vreugde.

"Dit is het," fluisterde ze, "dit is de Roos van Geluk."

Rosa glimlachte en plukte de bloem voor de oude vrouw. Ze voelde zich blij dat ze haar had kunnen helpen en dat ze samen deze bijzondere bloem hadden gevonden.

Toen de oude vrouw de roos in haar handen hield, gebeurde er iets wonderbaarlijks. Een warm licht verspreidde zich rondom hen en de lucht werd gevuld met een zoete geur.

Plotseling begon de oude vrouw te veranderen. Haar grijze haren verdwenen en werden weer glanzend zwart, haar gerimpelde gezicht werd glad en stralend, en haar ogen begonnen te fonkelen als de sterren aan de nachtelijke hemel.

Rosa keek verbaasd toe terwijl de oude vrouw transformeerde tot een prachtige jonge vrouw.

"Dank je wel, lieve Rosa," zei de jonge vrouw met een stralende glimlach, "dankzij jou heb ik mijn jeugd en schoonheid teruggekregen."

Rosa kon haar ogen niet geloven. De oude vrouw was veranderd in een betoverende verschijning, net zo mooi als de roos zelf.

De jonge vrouw bedankte Rosa nogmaals en verdween toen in het niets, haar lach echoënd door het bos.

Rosa stond daar, versteld van wat er zojuist was gebeurd. Ze wist niet wat ze moest denken, maar één ding wist ze zeker: ze was getuige geweest van iets wonderbaarlijks, iets magisch.

The Rose of Happiness

Once upon a time, there was a small village called Blissfulness, where the people were cheerful and kind. In this village lived a young woman named Rosa. She had long, wavy brown hair and eyes as bright as the stars in the night sky.

Rosa loved the little things in life: walking through the field, listening to the birds sing, and taking care of her garden full of beautiful flowers. But most of all, she cherished her rose garden. Here grew the most beautiful roses you had ever seen, in all the colors of the rainbow.

One day, while Rosa was working in her garden, an old woman appeared before her. She had gray hair and a friendly face that wrinkled when she smiled.

"Dear Rosa," said the old woman, "I am searching for the Rose of Happiness. They say only you know where to find it."

Rosa looked surprised. She had never heard of the Rose of Happiness. But she felt compassion for the old woman and decided to help her.

"Come with me," said Rosa kindly, "I will show you what I have."

She took the old woman to her rose garden and showed her the beautiful flowers. The old woman smiled and thanked her, but said this was not the Rose of Happiness she was looking for.

Rosa felt disappointed, but she did not give up. Together with the old woman, she searched for the legendary flower. They explored forests, climbed mountains, and crossed rivers, but nowhere could they find the Rose of Happiness.

Eventually, when they were almost about to give up hope, they stopped at a small lake in the middle of the forest. There, on the shore, stood a beautiful rose bush with a single flower: a rose so radiant and beautiful that it seemed to have fallen from heaven.

The old woman looked at the flower and tears of joy filled her eyes.

"This is it," she whispered, "this is the Rose of Happiness."

Rosa smiled and picked the flower for the old woman. She felt happy that she could help her and that they had found this special flower together.

As the old woman held the rose in her hands, something miraculous happened. A warm light spread around them and the air was filled with a sweet fragrance.

Suddenly, the old woman began to change. Her gray hair disappeared and became shiny black again, her wrinkled face became smooth and radiant, and her eyes began to sparkle like the stars in the night sky.

Rosa watched in amazement as the old woman transformed into a beautiful young woman.

"Thank you, dear Rosa," said the young woman with a radiant smile, "thanks to you, I have regained my youth and beauty."

Rosa couldn't believe her eyes. The old woman had turned into an enchanting vision, just as beautiful as the rose itself.

The young woman thanked Rosa again and then disappeared into thin air, her laughter echoing through the forest.

Rosa stood there, amazed at what had just happened. She didn't know what to think, but one thing she knew for sure: she had witnessed something miraculous, something magical.

Oliebollen en Vrienden

In een schilderachtig dorpje aan de rand van Nederland woonde een vriendelijke bakker genaamd Jan. Jan stond bekend om zijn heerlijke oliebollen, die mensen van heinde en verre naar zijn bakkerij lokten. Maar wat nog belangrijker was, Jan stond bekend om zijn warme hart en zijn liefde voor zijn vrienden.

Op een koude winterochtend stond Jan vroeg op om een verse partij oliebollen te bakken. Hij gooide de ingrediënten bij elkaar - bloem, gist, melk en rozijnen - en begon te roeren tot het deeg glad en luchtig was. Terwijl de oliebollen in de hete olie bakten, vulde de bakkerij zich met de heerlijke geur van versgebakken lekkernijen.

Net toen Jan zijn eerste partij oliebollen uit de pan haalde, hoorde hij plotseling een luid geklop op de deur van zijn bakkerij. Hij opende de deur en zag zijn vrienden, Kees de postbode en Marie de bloemist, die beiden rilde van de kou.

"Goedemorgen, Jan!" begroette Kees met een brede glimlach. "We roken de heerlijke geur van je oliebollen vanaf de straat en konden niet weerstaan om even langs te komen voor een voorproefje."

Jan lachte hartelijk en nodigde zijn vrienden uit om binnen te komen. Hij deelde gul oliebollen uit en schonk hete chocolademelk in voor zijn gasten.

Maar net toen ze gezellig aan het praten waren, hoorden ze plotseling een zacht gekrabbel aan de deur. Jan opende de deur en tot zijn verbazing zag hij een kleine, verkleumde kat op de stoep staan, miauwend om binnen gelaten te worden.

"Oh, kijk nou toch," zei Marie vertederd terwijl ze de kat oppakte en hem tegen haar aan hield om hem warm te houden. "Het arme beestje heeft het zo koud daarbuiten."

Jan knikte instemmend en bood de kat wat melk en een warme plek bij de oven aan. De kat rilde dankbaar en kroop dicht tegen de warmtebron aan, blij met de vriendelijke ontvangst.

Naarmate de dag vorderde, vulde de bakkerij zich met gelach en vrolijkheid. Mensen vanuit het hele dorp kwamen langs om Jan's oliebollen te proeven en om de warmte van zijn gastvrijheid te ervaren. En terwijl ze genoten van de heerlijke lekkernijen en de gezelligheid van elkaars gezelschap, wisten ze dat ze deel uitmaakten van iets bijzonders - een gemeenschap van vrienden die altijd voor elkaar klaarstonden, zelfs op de koudste winterdag.

Oliebollen and Friends

In a picturesque village on the outskirts of the Netherlands lived a friendly baker named Jan. Jan was known for his delicious oliebollen, which attracted people from far and wide to his bakery. But what was even more important, Jan was known for his warm heart and his love for his friends.

On a cold winter morning, Jan got up early to bake a fresh batch of oliebollen. He threw the ingredients together - flour, yeast, milk, and raisins - and began stirring until the dough was smooth and airy. As the oliebollen fried in the hot oil, the bakery filled with the delicious smell of freshly baked treats.

Just as Jan was taking out his first batch of oliebollen from the pan, he suddenly heard a loud knock on the door of his bakery. He opened the door and saw his friends, Kees the postman and Marie the florist, both shivering from the cold.

"Good morning, Jan!" greeted Kees with a broad smile. "We smelled the delicious scent of your oliebollen from the street and couldn't resist popping in for a taste."

Jan laughed heartily and invited his friends inside. He generously handed out oliebollen and poured hot chocolate for his guests.

But just as they were chatting merrily, they suddenly heard a soft scratching at the door. Jan opened the door and, to his surprise, saw a small, shivering cat on the doorstep, meowing to be let in.

"Oh, look at this," said Marie, touched as she picked up the cat and held it close to her to keep it warm. "The poor thing is so cold out there."

Jan nodded in agreement and offered the cat some milk and a warm spot by the oven. The cat gratefully trembled and cuddled close to the heat source, thankful for the warm welcome.

As the day progressed, the bakery filled with laughter and cheer. People from all over the village came to taste Jan's oliebollen and to experience the warmth of his hospitality. And as they enjoyed the delicious treats and the warmth of each other's company, they knew that they were part of something special - a community of friends who always had each other's backs, even on the coldest winter day.

www.ingramcontent.com/pod-product-compliance
Lightning Source LLC
Chambersburg PA
CBHW050614160726
48003CB00003B/1176